AF561890

Prix : 75 centimes

Emmanuel MALLEBAY

GUIDE PRATIQUE DE BISKRA ET DE SES ENVIRONS

BATNA
AMAND BEUN, LIBRAIRE-ÉDITEUR
32, RUE DE SÉTIF, 32

1892

GUIDE PRATIQUE

DE

BISKRA

Emmanuel MALLEBAY

GUIDE PRATIQUE
DE
BISKRA
ET DE SES ENVIRONS

BATNA
AMAND BEUN, LIBRAIRE-ÉDITEUR
32, RUE DE SÉTIF, 32

1892

BISKRA

I

Quelques excursions à Biskra et aux environs

Arrivant à 5 heures 1/2 ou 6 heures du soir, le voyageur a juste, avant dîner, le temps strictement nécessaire pour faire disparaître par une toilette sommaire, les traces du voyage fatigant qu'il vient de faire.

Après dîner, s'impose une visite aux cafés maures où dansent les Ouled Naïls. Aujourd'hui bien peu des danseuses de Biskra sont originaires de la fameuse tribu ; pourtant, quoi qu'il ait été dit ou écrit à ce sujet, il s'en trouve encore. Et puis, qu'elles soient de là ou d'ailleurs, leurs danses, qui semblent incompréhensibles au nouveau venu, sont attachantes et captivantes. L'orchestre assourdissant qui vous démolit la poitrine et la tête, l'atmosphère surchargée, empuantie du café, le contact des Arabes plus ou moins sales, tout cela disparaît après peu de temps. Il ne reste plus que les danseuses glissant tout d'une pièce sur le sol battu avec des gestes arrondis et languissants, ou bien bondissant brusquement comme de jeunes panthères pour, après, se renverser en arrière, les reins creusés, les yeux retournés, pâmées dans une extase voluptueuse.

On ne voit plus que cela, on ne voit toujours que cela, mais l'on reste quand même. Si l'on quitte un café, c'est pour rentrer dans un autre où l'on retrouve la même chose. Il faut en excepter un pourtant où les notes suraiguës d'un petit chalumeau de roseau, les sons nazillards d'un violon mal accordé et encore plus mal raclé, et les notes élevées de voix de femmes vous attirent. C'est un café chantant juif. Cela est bien « youpin ». Du clinquant partout, sur les murs, sur les lampes, sur les tables, sur les femmes; car ces dernières, à l'encontre des femmes arabes, ne portent pas comme elles des bijoux d'argent massif; elles ont du toc simulant l'or.

Le cafetier est juif, les musiciens sont juifs, les danseuses et les chanteuses sont juives ; à moins pourtant que, par fraude, une pauvre fillette arabe, criblée de dettes, esclave des juifs et habillée en juive, ne soit là contrainte et forcée. Jamais une fois la soirée ne se termine sans que l'on entende, à côté de la chanson de *Pimpin,* écorcher la *Marseillaise,* qui vient se souiller jusque dans ce bouge. Inclinons-nous.

A moins d'une fête, dix heures sonnant, l'agent de police de service dans le quartier donne un coup de sifflet. Ces dames rentrent chez elles, les cafés maures se ferment ; une à une les lumières s'éteignent et il ne reste plus qu'à aller admirer par un beau clair de lune la splendide allée du jardin, orgueil de Biskra, ou prendre une tasse de thé.

II

Biskra européen

Avant de commencer une excursion autour de la ville, laissez-moi esquisser sommairement les quelques choses à y voir ou tout au moins y existant.

Une démarche auprès de Monsieur le Commandant supérieur fait obtenir l'autorisation de monter sur la terrasse du fort Saint-Germain. Ce fort, commencé sous les ordres du commandant de ce nom qui fut tué au combat de Sériana le 17 septembre 1849, fut terminé en 1851. Il sert de quartier et de caserne à une partie de la garnison. Son enceinte renferme l'Hôtel du commandement, les parcs d'artillerie et du génie, les magasins des vivres et des fourrages, l'hôpital, le Trésor, les approvisionnements de l'artillerie, et enfin des logements pour les officiers. D'immenses citernes creusées sous ces différents bâtiments renferment la provision d'eau nécessaire en cas de siège ou de sécheresse pour trois ou quatre mois. Le fort Saint-Germain est le refuge destiné à la défense de Biskra et, le cas échéant, il peut supporter un siège assez long.

Du haut de la terrasse dominant la caserne, la vue embrasse un horizon immense dont nulle description ne peut donner une idée exacte. Il faut le voir, par un beau ciel clair, à n'importe quelle heure, mais surtout aux deux points extrêmes de la journée, au lever et au coucher du soleil. L'on descend de là enthousiasmé.

A visiter : tous les jardins et squares, nids perpétuels de verdure. La mairie, ayant un faux air de tout ce que vous voudrez, ne ressemblant à rien et qui semble avoir oublié au moins deux de ses étages dans les caves. L'école des filles dirigée par les excellentes Sœurs de St-Vincent de Paule, la modeste petite église de Saint-Bruno, construite ainsi que l'école, par le génie militaire. Le jardin de la garnison où l'on trouve, phénomène très rare, un palmier dont le tronc, arrivé à environ 2 mètres d'élévation, se divise en plusieurs branches formant candelabre. Le marché très vivant et très curieux.

III

Jardin Landon. — M'cid. — Bab-el-Zarb
Route de Tuggurth
La Casbah. — La M'sala

Si le voyageur n'est pas fatigué et qu'il aime le beau, il quittera son lit et l'hôtel de bonne heure. A six heures au plus tard, il montera en voiture et se fera conduire directement au jardin Landon. Là, sans s'arrêter à en admirer les détails, il tourne le dos à la propriété, et de la terrasse qui domine l'Oued-Biskra il jouira du panorama féerique qui se déroule devant lui. Pour premier plan, la rivière avec son lit de galets et de sable dorés, au milieu du lit, le marabout de *Sidi-Zerzour* dont l'origine discutée remonte à une très lointaine époque. Au second plan, plus élevé et formé par les falaises de la rive gauche, *El-Alia*, petite et coquette Oasis. Bouquet de palmiers dont les maisons en ruines bordant la berge ont l'air de regarder la rivière et de lui demander, quand viendra la crue qui les enlèvera, comme les autres maisons, leurs sœurs, ont été enlevées. A droite *Filiache*, autre oasis un peu plus grande, plantée auprès d'une immense nécropole antérieure de beaucoup à l'époque romaine, dont les cercueils bizarres sont des jarres en terre où les cadavres étaient enfilés dans l'une par les pieds, dans l'autre par la tête, les deux jarres étaient lutées et jointes par une soudure d'argile ou de ciment. A l'exposition universelle de 1889 Messieurs Fau et Foureau nous ont fait voir, dans leur remarquable envoi, un échantillon de ce mode d'ensevelissement. Plus loin à l'horizon *Sidi-Okba*, et enfin de ce côté l'œil suit le long serpent de la rivière, qui, longeant l'oasis de Biskra, va, après avoir traversé la plaine de Saâda, se perdre dans le Chott.

A gauche, un peu en arrière, la coquette oasis de *Chetma*, dont les constructions bizarres rappellent celles du moyen âge et où notre jeune et célèbre peintre Maurice Bompard a trouvé ces magnifiques pages : *Une boucherie à Chetma, la Diffa, la Cueillette des dattes* ; je ne parle que des principales et en passe de bonnes. Tout à l'extrémité, les dernières ramifications de l'Aurès. Derrière cela quelques points noirs, c'est *Thoudah, Sidi Khelill, Gartha, Seriana.* Et puis fermant l'horizon, l'*Amar Khaddou* (la joue rouge). Tout à la fois majestueuse et gracieuse, imposante et mignonne, avec ses lumières douces, ses ombres dures et tranchées.

Il faut pour voir cela le soleil levant, ou alors, et l'on a une note toute autre, le coucher du soleil. Une seconde visite à cette heure est à faire.

Après, l'on passe une heure agréable à visiter le parc remarquable de M. Landon et les appartements qui y sont bizarrement semés comme au hasard.

La voiture que vous avez quittée à la porte du château Landon, est allée vous attendre à l'extrémité de l'oasis de Biskra.

En quittant ce parc grandiose l'on prend à pied, à travers les jardins, le sentier de M'cid. On voit alors la mosquée de Sidi Melek, puis l'arbre le plus élevé de toute la forêt, un cyprès dont les 30 à 35 mètres de hauteur dominent les palmiers les plus élevés.

Laissant sur la droite le chemin qui conduit à la vieille Casbah, on traverse le quartier de Bab-el-Zarb, un petit cimetière et quelques minutes après vous arrivez à l'extrémité sud de l'oasis. Là, vous contemplez la plaine qui conduit à Saada et sentant l'immensité du désert sans fin vous avez l'impression du vide.

En voiture et en route pour le retour. A gauche, à un tournant du chemin sous les palmiers, au bord d'un ruisseau, un petit groupe de tombes en terre ; ce sont les tombeaux des *Améraly*, anciens caïds des Turcs, famille autrefois toute puissante à Biskra, aujourd'hui presque disparue.

La voiture s'arrête près des ruines de la Casbah, dont la garnison française surprise le 12 mai 1844 fut massacrée par les contingents de *Bel-hadj*, *Khalifat d'Abd-el-Kader*. Seuls, échappèrent à la mort, une cantinière, un sergent-major et trois artilleurs que l'ennemi conserva pour servir les pièces prises dans la casbah.

La rentrée dans Biskra se fait par une route bien tracée. Immédiatement à droite, la maison des Sœurs blanches que le cardinal Lavigerie a installées là pour soigner et instruire les jeunes indigènes.

Un peu plus loin à gauche, une petite maison carrée, c'est l'ancien bain maure des caïds Turcs transformé en école française-arabe.

Ce grand terrain cultivé à la française, à votre droite, est encore une création du Cardinal, naguère encore exploités par les frères armés dont vous voyez plus loin l'habitation toute blanche. Les pères blancs des missions africaines, les dirigeaient.

Descendez de voiture, demandez à visiter la M'Salah, cela vous sera toujours gracieusement accordé. — Tout à la sortie de l'oasis, le village nègre et sa population soudanienne.

A l'entrée de Biskra, l'école principale dont l'aimable Directeur vous fera les honneurs avec affabilité ; vous verrez des élèves, chose rare dans les écoles de l'intérieur.

On arrive en ville, il est l'heure de déjeuner.

IV

Ras-el-Garia. — Sud-Ouest de l'Oasis

Sidi-bou-Ghezel. — Beni-Mora

Après-midi, vers une heure, pendant que le soleil est encore trop fort pour permettre les excursions en plaine, on peut partir en voiture et entrer dans l'oasis par les jardins de *Ras-el-Garia*.

A l'entrée en face l'un de l'autre deux beaux jardins, créés par M. Béchu, le premier maire et le créateur des parcs et squares de Biskra. Sous les palmiers sont plantés des rosiers, des orangers, et des mandariniers, on y trouve surtout la belle orange sanguine qui nulle part ailleurs qu'à Biskra n'atteint le fini et la délicatesse de goût qu'elle possède ici. Plus loin, sur la gauche, encore un jardin de M. Béchu, celui-là est loué par sa veuve à M. le capitaine Baronnier qui en a fait un jardin d'essai. Grâce à un travail intelligent et acharné, il est parvenu à avoir, non seulement avec une grande précocité, tous nos légumes de France, mais encore il a trouvé le moyen de faire disparaître l'âcreté qui les faisait reconnaître et de leur conserver leur arome, leur douceur et leur finesse.

En descendant, un peu plus loin et à droite, la gracieuse petite mosquée toute blanche de *Sidi-Joudi*,

La Kouba, en ruine de *Sidi-Barkat*. Et puis, comme à la rentrée de la première promenade, l'on débouche près de la Casbah. En la contournant par la gauche, l'on va prendre le chemin qui mène à la sortie de l'oasis entre Cora et la route d'Oumache. A travers la plaine, en passant les séguias à sec, l'on arrive au marabout de *Sidi-bou-Ghezel*, petit tombeau isolé planté tout seul au milieu de l'aridité de la plaine nue, sur la route des Zibans. On a laissé sur la gauche le cimetière des juifs qui n'a rien de remarquable que quelques inscriptions en français d'une prétention et d'une flatterie bête.

Filons vers Biskra, tournons à gauche, passons par le tir aux pigeons du parc de Beni-Mora, et traversant la propriété très jolie nous arrivons à ce qui a été la maison de M. Béchu. Le tout appartient aujourd'hui à la Compagnie de Biskra et de l'Oued-R'hir, qui en a fait provisoirement un lieu de rendez-vous et d'agrément. Un cafétier vous offre des consommations, mais non gratis *pro deo*. L'on s'arrête un peu malgré soi, et si le cœur vous en dit, vous faites la partie d'escarpolette, de boules ou de crocket, un stand au flobert permet de faire un carton, quelquefois les petits chevaux ou le chemin de fer vous mettent la main à la poche.

Le soleil est sur son déclin, il faut rentrer.

V

Le Col de Sfa. — La Fontaine Chaude

Il faut encore se lever de bonne heure pour être en haut du col au moment où les premiers rayons du soleil éclairent sous une oblique très inclinée la plaine immense, mouchetée çà et là par des taches noires des oasis. La première impression que cause à la vue le chaos qui s'étend aux pieds du voyageur est celle d'une mer battant furieusement la montagne, et qui aurait été brus quement pétrifiée. Les vagues pressées, hautes et puissantes se calment en s'éloignant et finissent dans un moutonnement qui se fond avec l'horizon. Si, courageux, vous abordez le petit sentier qui grimpe à l'ancien télégraphe, là haut vous êtes saisi au cœur et vous souffrez en voyant cette immensité qui vous semble nue.

Après avoir ressenti les affres et le vertige que vous cause le vide immense dans la direction du sud, portez votre vue vers l'est ; laissez-la alors se reposer sur l'Amar-Khaddou. A cette heure matinale, vous avez sous les yeux toute la gamme du rose, du rouge et du bleu, gamme instable et changeant de ton à chaque instant, ayant des oppositions inattendues. On ne peut quitter froidement ce spectacle, il faut que l'on s'en arrache violemment.

Remontez dans votre véhicule et en route pour la Fontaine Chaude.

L'Hammam-Salahin (le bain des saints) est la propriété de la Cie de Biskra et de l'Oued-Rirh qui y a fait en 1891 quelques améliorations en attendant qu'elle construise un véritable établissement de bains.

Les eaux s'emploient comme bains et comme boisson, elles ont une température de 45°; les piscines sont couplées par deux, l'une à la température de la source, l'autre refroidie par un repos de 12 heures.

De temps immémorial ces bains sont connus des Arabes et fréquentés d'une façon suivie par eux ; leurs qualités indéniables en feront l'un des succès prévus de Biskra. On y combat efficacement la phtisie, cette grande tueuse, les affections osseuses, articulaires, syphilitiques et vénériennes, les affections de la peau et enfin celles des bronches.

A 1500 mètres au nord de la fontaine-chaude se trouve un petit lac d'une conformation curieuse dont le niveau de l'eau ne baisse jamais d'une façon sensible, bien qu'il ne soit alimenté par aucun courant visible. C'est sans contredit une bouche d'origine volcanique. Le projet de la Cie de Biskra et de l'Oued Rhir est de relier Hammam-Salahin à Biskra par un Decauville.

Les environs sont giboyeux : on y trouve la bécassine, l'outarde, le lièvre, la gazelle et le mouflon quelquefois.

VI

Aïn-Oumache

Vous ne voulez pas partir, certainement avec le regret de n'avoir vu des dunes, alors que vous étiez à même de le faire.

Par conséquent en route pour les sources d'*Oumache* situées à environ 12 kilomètres sud-sud-ouest.

Tout en sortant de Biskra sur la droite, s'appuyant sur un petit régime de coteaux rocheux, se dessine un chaînon de dunes s'en allant au sud-est, s'élargissant et s'élevant au fur et à mesure que l'on s'avance. Là commence la végétation du Sahara. De petites fleurs blanches à ras du sol, le drinn et le diss aux feuilles longues et ténues et aux racines profondes. Sans que rien ne vous le fasse prévoir, une masse énorme d'eau claire jaillit tout à coup sous vos pieds, au milieu d'un amas de rocs tapissés de capillaires et se trouvant au ras du sol. Elle s'en va en serpentant arroser les palmiers du Mégloub, plantation de la famille Dufourg; et plus loin ceux du village d'Oumache.

VII

Chetma (6 kilom.) Est

Chetma est une petite oasis tout à fait différente de celles du Sahara. Elle ne ressemble pas non plus à celles du pied de l'Aurès; elle est elle, et ne ressemble qu'à elle. Son caractère a un cachet unique et tout particulier. Je l'ai dit déjà, certains de ses coins ont tout à fait l'aspect de vieilles fortifications. Suivant le tour des jours d'arrosage, plusieurs de ses rues se transforment en ruisseaux d'irrigation. Le bon vieux cheick Lagdar, homme affable et honnête, vous fait de bon cœur les honneurs de son village. Les sources qui arrosent Chetma en sont tout proche sur la route de M'Chounèche. En revenant on aperçoit sur la gauche une ruine qui, à un certain moment, a l'aspect d'un immense chameau couché, ce sont les restes d'une piscine romaine.

VIII

Sidi-Okba (22 kilom.) Est-Sud-Est

La mosquée de Sidi-Okba est un lieu vénéré des fidèles. Elle est construite à l'endroit où fut tué, dans un combat au sixième siècle de notre ère, au retour d'une expédition conduite jusqu'au Maroc, Sidi Okba le premier apôtre de Mohamed en Afrique.

Lors de sa mort, le village ni l'oasis n'existaient. Ce ne fut que beaucoup plus tard, après la conversion du pays à l'islamisme, que sur l'indication d'un derviche vieux et honoré dans la montagne, la mosquée fut élevée, le village vint se grouper autour en même temps que les premiers palmiers y furent plantés. Un pélerinage se fait tous les ans en ce lieu, un nombre immense de croyants y vient des points les plus éloignés.

Sidi Okba a une zaouïa où l'on enseigne le Droit musulman.

Le minaret très élevé domine au loin la route de Zeribet et la plaine du Zab-Chergui. L'une des portes de la mosquée est d'un travail assez curieux, elle semble étonnée de se trouver dans ce milieu. Elle a été apportée de Tunis et rappelle vaguement le beau et fin travail des Maures d'Espagne. Le marché qui se tient dans la principale rue offre un fouillis de couleurs chatoyantes et bizarres, un grouillement d'hommes et de haillons très curieux et très sales.

Il est plutôt commode et pratique pour faire cette excursion d'emporter son déjeuner avec soi, de faire la sieste à Sidi-Okba et de n'en revenir que dans la soirée.

IX

Diverses excursions

Plusieurs excursions très curieuses sont encore à faire, mais elles exigent plusieurs jours et ne peuvent guère se faire qu'à cheval ou à mulet, considérant seulement le point de vue pratique et économique.

M'chounèche est à 36 ou 38 kilomètres à l'Est de Biskra, la route est accidentée, mais ne semble pas longue. Le village est situé au pied de l'Amar Khaddou dans une gorge profonde que l'Oued-el-Abiod s'est ouverte à travers la montagne. Une foule de points de vue tirent l'œil.

A voir : *El-Afri, Blidah, Bénian,* 4 jours sont nécessaires, il faut emporter des vivres et des matelas. Le cheik vous offrira toujours l'abri.

Dans les Zibans on peut entreprendre une tournée plus longue. Le premier jour on verra *M'Lili, Tolga,* séjour d'un marabout très vénéré, Si Ali ben Othman depuis peu grand maître de la secte des *Rahmanias* ; *Foughala,* propriété de la Cie de l'Oued-Rhir, *Zaatcha,* fameux par les deux batailles qui s'y sont livrées en 1849. Le général Herbillon commandant la colonne, le maréchal Canrobert, alors colonel, commandait le 3e zouaves. *El-Amri,* foyer de révolte et d'insurrection des *Bou-*

Azid, propriété de MM. Treille et Forcioli.

Le second jour *Douçen,* ruines romaines, quantité d'eau considérable et de très bonne qualité, terrains très fertiles qui n'attendent que des bras et de l'argent pour rendre au centuple ce que l'on y sèmera

Ouled-Djellall, bureau arabe, carrières de marbre. Une très belle mosquée avec une colonnade composée d'une centaine de colonnes en marbre.

Le 3e jour, en suivant les rives bizarrement découpées de l'Oued-Itel, on ira jusqu'à *El-Baadj,* séjour habituel du caïd des Arab-Gheraba, homme affable et très distingué. Cette journée est de 120 à 130 kilomètres.

Le 4e jour *M'raïer* à moitié chemin de *Tuggurth*. Là on peut prendre la voiture et filer à Tuggurth ou bien rentrer à Biskra. si l'on ne veut continuer à cheval. A M'raïer l'on a un hôtel plutôt confortable ; la qualité de la cuisine et sa propreté, la bonne tenue des quelques chambres qui y sont, vous obligent à y rester au moins un jour. Nous accorderons cette journée au repos, ce qui fera notre cinquième.

La 6e journée visite à Ou-Rhirh, première propriété créée par la Compagnie Industrielle et Agricole de Batna. *Kef-el-Door,* point extrême atteint par Sidi-Okba lors de son apostolat. Coucher à *Chegga*.

7e jour *Saada*, rentrée à Biskra.

Il faut pour ce voyage emporter au départ des vivres jusqu'à M'raïer, du pain jusqu'aux Ouled Djellall où l'on renouvelle la provision et au retour les vivres nécessaires de M'raïer à Biskra.

Une voiture fait 3 fois par semaine le service de Biskra à Tuggurth et *vice-versa.*

A signaler et à voir *Branis* (22 kilm.), la montagne de sel d'El-Outaya (36 kilm. dont 28 en chemin de fer ou en voiture.)

EMMANUEL MALLEBAY.

NOTA. — Le format très restreint de mon *Guide* ne me permettant pas de m'étendre sur tous les points intéressants et pittoresques que possède Biskra, je me réserve d'offrir sous peu à mes lecteurs un itinéraire plus étendu.

E. M.

MOYENS DE TRANSPORT

Voitures .	La course...........	1 fr 50
	L'heure.............	2 50
	La journée..........	20 »

Chevaux de selle.... de 5 à 7 fr. par jour.

Mulets .... de 3 à 5 fr. »

Batna. — Imprimerie typographique A. BEUN

www.ingramcontent.com/pod-product-compliance
Lightning Source LLC
LaVergne TN
LVHW010101230826
846091LV00005B/2041

* 9 7 8 2 0 1 3 4 2 8 8 7 3 *